Carola Wondrak

Konfliktanalyse Zypern

GRIN Verlag

Bibliografische Information der Deutschen Nationalbibliothek:

Die Deutsche Bibliothek verzeichnet diese Publikation in der Deutschen National-
bibliografie; detaillierte bibliografische Daten sind im Internet über http://dnb.d-
nb.de/ abrufbar.

Impressum:

Copyright © 2008 GRIN Verlag GmbH
Druck und Bindung: Books on Demand GmbH, Norderstedt Germany
ISBN: 978-3-656-51538-8

Dieses Buch bei GRIN:

http://www.grin.com/de/e-book/262980/konfliktanalyse-zypern

GRIN - Your knowledge has value

Der GRIN Verlag publiziert seit 1998 wissenschaftliche Arbeiten von Studenten, Hochschullehrern und anderen Akademikern als eBook und gedrucktes Buch. Die Verlagswebsite www.grin.com ist die ideale Plattform zur Veröffentlichung von Hausarbeiten, Abschlussarbeiten, wissenschaftlichen Aufsätzen, Dissertationen und Fachbüchern.

Besuchen Sie uns im Internet:

http://www.grin.com/

http://www.facebook.com/grincom

http://www.twitter.com/grin_com

Konfliktanalyse:

Der Zypernkonflikt

Von: Carola Wondrak

Stufe 13, 1. Halbjahr

2008

HELMHOLTZSCHULE

GYMNASIUM FÜR JUNGEN UND MÄDCHEN

Für meine Familie

Inhaltsverzeichnis:

1. Einleitung:

Schon 1980 gab es im britischen Parlament eine Debatte über die Ratifizierung der griechischen Mitgliedschaft in der europäischen Gemeinschaft. Ein Sekretär des Außenministeriums gab dann mit erhobener Stimme zu verlauten, dass der Beitritt Griechenlands wohl als eine Rückzahlung der Schulden des heutigen Europa an Griechenland angesehen werden konnte. Mit dieser Aussage bezog er sich auf das Erbe der Traditionen und Kulturgüter, die schon seit der Antike auch auf Europa ihre Auswirkungen hatten und den Fortschritt mit sich brachten.[1] Insofern war es klar, dass er die Mehrheit für den Beitritt der Zyprioten gewinnen wollte.

Dann war es 2004 so weit gekommen, dass Zypern in die EU eintreten konnte.[2]

Nun ist es so weit, dass auch die Türkei, die ja einen Teil Griechenlands besetzte und so auch zu Europa gehörte, in die EU eintreten möchte.

Sollte die Türkei in die EU aufgenommen werden, in Anbetracht der Streitigkeiten auf der geteilten Insel Zypern?

Kann man diesen gewünschten Eintritt als legitim betrachten, im Hinblick darauf, wie der Konflikt sich in Zypern entwickelte? Wie gewaltbreit er verlaufen ist? Welche Auswirkungen hat so ein Konflikt und welche Hintergründe sind interessant genug, um beleuchtet zu werden, damit man verstehen kann, was in Zypern vor sich geht? Wussten Sie, verehrter Leser, dass eigentlich Ganz- Zypern faktisch zur EU gehört?[3]

Vielleicht ist es sogar möglich, neue Ideen und Betrachtungsweisen im Bezug auf den Konflikt zu finden, der nun schon über einige Jahrzehnte andauert.

Zudem befindet sich der Konflikt in relativer Nähe zu Deutschland, ist aber, in Anbetracht der anderen Probleme, eher aus dem Blickfeld der Menschen gerückt, obwohl viele Deutsche Urlaub in der Türkei machen und auch Griechenland als ein beliebtes Urlaubsland schätzen.

Dies soll durch diese Konfliktanalyse geprüft werden. (Im Hinblick auf die verschieden hohen Prioritäten sind einige Punkte etwas mehr ausgeführt, wohingegen andere nur angeschnitten werden können.)

---

[1] Richard Clogg, Geschichte Griechenlands, Seite 15 f, Romiosini- Verlag, ISBN: 3-923889-13-7
[2] ADAC Länderlexikon, Die Welt 2004, ISBN: 3-89905-168-8
[3] http://www.tagesschau.de/ausland/meldung50420.html 23:57 am 01.12.2008

2. Konfliktinhalt

2.1. Worum geht es im Konflikt?

„Die zentrale Lage [der Insel] zwischen Orient und Okzident[4] im Brennpunkt vieler Interessen führte dazu, dass Zypern seit prähistorischen Zeiten [und] bis heute Schauplatz machtpolitischer Auseinandersetzungen ist."[5]

Im Zypernkonflikt geht es um die Insel Zypern und den Streit zwischen der Türkei und Griechenland, die beide die bestehende Grenze nicht akzeptieren möchten. Die wichtigsten Streitfragen, um die es geht, sind die Aufteilung und das Herrschaftsrecht über die Insel Zypern.

Dieser Streit ist schon lange begründet, weil schon seit längster Zeit die Türken und die Griechen das Vorrecht auf die Insel beanspruchen.

Erst seit 1960 ist die Insel unabhängig, von der bis dahin immer herrschenden Fremdherrschaft geworden.[6] Doch schon 1974 besetzten die Türken den nördlichen Teil Griechenlands [7] , der bis heute besetzt blieb. Durch viele Faktoren wurden die Differenzen zwischen den zypriotischen Türken und Griechen immer wieder hervorgehoben, was in einem Konflikt mündete. Wie sich die Anfeindungen gegenseitig aufstacheln und wie aus einem lokalen Streit ein internationaler Konflikt wurde, wird später in diesem Dokument erläutert.

Ein Hochpunkt des Konflikts war die Invasion der Türken in Zypern und eine Teilung Griechenlands in einen türkischen und einen griechischen Teil. Der durch die Türken besetzte Teil der Insel macht in etwa 38% der Landesfläche aus und dieses Stück Land wurde 1983 als „Türkische Republik Nordzypern" proklamiert. Dieses Land wird jedoch international weder anerkannt noch beachtet. [8] [9]

Somit bleiben noch die 62% der Insel, die sich im Süden befinden und die Republik Zypern bilden. [10] Die Grenze durch das Land verläuft von Nordwesten bei „ Lefke, [dann geht sie bis nach] Lefkosia und endet [schließlich] südlich von Famagusta." [11] (Ein Bild zum Grenzverlauf findet sich im Anhang.)

---

[4] Okzident: christliches Abendland, bezeichnet damit weiträumig die westliche Welt, den Westen Europas
[5] Baedecker, Seite 13, ISBN: 3-87504-419-3, Allianz Reiseführer
[6] Baedecker, Seite 13, ISBN: 3-87504-419-3, Allianz Reiseführer
[7] Zypern, Sabine Rogge, Seite 285, Waxmann Verlag, ISBN: 3-89325-878-7
[8] Baedecker, Seite 13, ISBN: 3-87504-419-3, Allianz Reiseführer
[9] Nach mehreren Überprüfungen und Referenden wurde beschlossen, dass die Invasion für illegal zu halten sei
[10] Baedecker, Seite 13, ISBN: 3-87504-419-3, Allianz Reiseführer
[11] Baedecker, Seite 13, ISBN: 3-87504-419-3, Allianz Reiseführer

2.1.1. Doch wie reagierten die Menschen auf die Trennung und welche Folgen hatte das für die Zyprioten?

Interessant ist zu bemerken, dass die Republik Zypern völkerrechtlich die gesamte Insel repräsentiert. Seit 1974 sind die beiden Landesteile durch eine Pufferzone getrennt, damit es nicht zu immer neuen Auseinandersetzungen kommen kann. UN- Soldaten sind dort stationiert und für die Kontrolle der Grenze zuständig. [12]

Dadurch, dass diese Grenze errichtet wurde, kam es für die Menschen dazu, dass sie umziehen mussten, teilweise kam es auch zu starken Anfeindungen (beispielsweise dem Bürgerkrieg, auf den später eingegangen wird) und auch zu Raub. [13]

Mit der Grenze zwischen der Türkei und Zypern ist schon die Überleitung zum Ort des Konflikts geschaffen worden:

2.2. Welche geographischen Gegebenheiten gibt es in der Konfliktregion?

Die geographische Lage Zyperns ist für den Konflikt von besonderer Bedeutung, weil die Handelswege durch den Zugang zum Meer von erheblichem Vorteil im Gegensatz zu den anderen Balkanstaaten sind.

Die Grenze zwischen dem Gebiet der Türken und dem der Griechen geht auch genau durch die Hauptstadt Lefkosia, die zugleich mit 230 000 Einwohnern auch die größte Stadt der Insel ist. Es bleibt zu sagen, dass nur rund 17, 4% der Einwohner der Stadt im nördlichen und somit türkischen Teil der Stadt leben. [14]

Zypern ist die drittgrößte Insel im Mittelmeer und liegt ganz im Osten dieses Binnenmeeres. Zypern liegt sehr nahe an allen östlichen und südlichen Regionen im Mittelmeer. Hinzu kommt, dass auf der Insel einige griechisch- antike Sehenswürdigkeiten zu sehen sind, was die Insel zu einem sehr beliebten Ausflugsziel macht.

Die Insel befindet sich im Schnittpunkt der Kontinente Afrika, Asien und Europa, wird aber durch die Lage zu Asien gezählt, obwohl nicht zu leugnen ist, dass die Kultur und Geschichte sehr nah im Zusammenhang mit Europa standen. [15]

---

[12] Baedecker, Seite 13, ISBN: 3-87504-419-3, Allianz Reiseführer
[13] http://de.wikipedia.org/wiki/Zypernkonflikt, am 01.12.08, 23:39
[14] Baedecker, Seite 16, ISBN: 3-87504-419-3, Allianz Reiseführer
[15] Zypern, Seite 8 bis 13, Baedeker, ISBN: 3-87504-419-3

2.2.1. Bodenschätze:

Besonders hervorzuheben ist hier das Tróodos- Gebirge. Hier liefen verschiedenste chemische Reaktionen ab, so dass man hier das Element Chrom vorfinden kann. Zudem gibt es Pyrit, Serpentin und auch Asbest. Auch die Entstehung des Tróodos- Gebiets steht eng im Zusammenhang mit dem Rohstoffvorkommen und der Rohstofflagerung der Insel Zypern: das Massiv entstand unter der Wasseroberfläche. Dies hatte zur Folge, dass das Wasser in den entstehenden Klüften Metalle lösen konnte, welche sich dann als Verbindungen wieder dort festsetzten und nun von den Betrieben freigelegt werden. Zu finden sind auf Grund dieser Tatsache zum Beispiel: kupferhaltige und eisenhaltige Stoffe, aber auch zinkhaltige Sulfide kommen dort vor.[16]

Diese Vorkommen sind vor allem von wirtschaftlichem Interesse, weil die meisten der Stoffe bis heute Nutzung in der Industrie bringen und dort noch im Mengen verwendet werden. Diese Gebiete in seinen Besitz zu bringen, kann sehr lukrativ sein.

2.2.2. Klima:

In Zypern herrscht weitgehend ein mediterranes Klima. Dies macht das Land für Touristen sehr attraktiv. Solche Orte zu besitzen, ist natürlich auch immer wirtschaftlich lukrativ. [17]

2.3. Die Rolle und die Lage der Zivilbevölkerung/ Transparenz:

Der Bürgerkrieg beschäftigte die Menschen. Mehr als die Hälfte von ihnen war in einer der aufständischen Organisationen eingebunden und auch das tägliche Leben wurde stark beeinflusst. Aktuell sind UN- Soldaten dort stationiert, um die Lage zu stabilisieren und die Grenze zu sichern. Diese Grenze ist auch seit 2003 wieder geöffnet, so dass ein Hindurchtritt in den anderen Teil des Landes somit wieder möglich geworden ist.

Für die Zivilbevölkerung ist die Lage schwierig, weil auch die Informationsflüsse eingeschränkt worden sind. Dadurch, dass sich Zypern nun in der EU befindet und auch an Transparenz gewonnen hat, ist die Lage relativiert, jedoch ist jeder geprägt und trägt die Vorurteile in sich, die durch einen Konflikt mit dem Gegenüber entstanden sind. Diese Vorurteile werden ja auch in der Familie weitergegeben.[18] Zudem bleibt die Lage weiter unter politischer Beobachtung, wodurch sich jeder in dem Land informieren kann und auch durch das Internet hat die Möglichkeit der Information im Bezug auf den Konflikt zugenommen.

---

[16] Baedecker, Seite 18, ISBN: 3-87504-419-3, Allianz Reiseführer
[17] Baedecker, Zypern, Allianz Reiseführer, ISBN: 3-87504-419-3
[18] Richard Clogg, Geschichte Griechenlands, Romiosini- Verlag, ISBN: 3-923889-13-7

2.4. Welche unterschiedlichen Konfliktgruppen und Akteure gibt es mit welchen Zielen?

Die Gruppen, die sich im Zypernkonflikt direkt gegenüber stehen, sind ehemals die griechischen und die türkischen Zyprioten gewesen. Im Laufe der Zeit kam es dazu, dass jeder Länderteil einen Sympathisanten gefunden hatte, der auf seiner Seite mitzukämpfen versuchte.

Hierbei kann man sagen, dass sich zwei große paramilitärische Gruppen ausgebildet hatten, nämlich die EOKA und die TMT. Die griechisch sprechenden Zyprioten in der EOKA, traten für eine Vereinigung mit Griechenland ein, wohingegen Letztere forderten, dass Griechenland geteilt werden sollte und der Überzeugung waren, Zypern wäre schlichtweg die Verlängerung der Türkei und stünde ihnen damit zu. (Näheres dazu findet man im Abschnitt, der sich mit dem historischen Kontext beschäftigt!). [19]

Durch den Eintritt der Griechen in die EU als zehntes Mitgliedsland, erhofften sie sich einen ökonomischen, und politischen Nutzen. Zudem wurde so besiegelt, dass sich die Griechen eher am Westen orientieren, als zum Osten. Besonders war, dass das Land sich in Vielem zu den anderen neun Mitgliedsstaaten deutlich unterschied. So hatte es zum Beispiel eine ganz andere Prägung, nämlich durch das osmanische Reich und durch die orthodoxe Kirche.[20]Auch die Türkei ist anders geprägt als die bisherigen Mitgliedsstaaten der EU.

Auffällig ist, dass in beiden Ländern die Menschen durch ein Nationalgefühl und durch das starke Misstrauen gegenüber dem „Länderpartner" geprägt sind. Dadurch, dass beide Konfliktpartner in der NATO sind, ist der Konflikt auch für die UDSSR und die USA von Bedeutung.[21] Die USA führte mehrere Versuche zur Beilegung des Konflikts herbei.

Für die Wirtschaft Europas scheint es von sehr hohem Interesse zu sein, die Grenze auf der Insel zu beseitigen und die Völkerverständigung einzuleiten, so dass es dazu kommen kann, dass der Tourismus zunimmt und ein besserer Handel durch die strategisch günstige Lage besser zu nutzen wäre, was nicht zuletzt daran liegt, dass der Suez- Kanal wieder befahrbar ist.[22]

OSZE, NATO, UN- Blauhelme sind an der Grenzsicherung interessiert. Auch das Vereinigte Königreich kann man hier mit zu den Akteuren zählen, weil immer noch ein Teil des Landes ihnen gehört und sich in Zypern immer noch Soldaten befinden. Zudem waren sie einst die

---

[19] http://de.wikipedia.org/wiki/Zypernkonflikt, am 01.12.08, 23:39
[20] Richard Clogg, Geschichte Griechenlands, Seite 21, Romiosini- Verlag, ISBN: 3-923889-13-7
[21] Zypern die ungelöste Krise, Seite 1, Centaurus Verlag, ISBN: 3-8255-0013-6
[22] Zypern, Iwanowski's, ISBN: 3-923975-14-7

Besatzer des Landes. Dabei ging es den Besatzern nicht um die wirtschaftlichen Ressourcen Zyperns, sondern vielmehr um die strategisch günstige Lage.

2.4.1. Haben alle Konfliktgruppen die gleichen Machtmittel?

Eines der Machtmittel waren in der Vergangenheit sicherlich die verschiedenen paramilitärischen Gruppierungen, die sich auseinander setzten. Die Griechen haben auch heute noch einige radikale Mitglieder der EOKA II in ihren Reihen, die nach der Macht und den alten Idealen streben.[23]

Bei den Türken ist es so, dass sie noch mit ihrem Militär in Nordzypern präsent sind.[24] Auch die Menschen haben immer noch ihr altes Bestreben, ihre Macht in ganz Europa, Mittelasien und Nordafrika auszudehnen.[25]

Keines der Länder hatte hier einen großen Vorteil gegenüber dem anderen. Zudem ist noch zu bemerken, dass in Zypern auch keine Armee zu Stande kam, die die Handlungen ausführen konnte. Zum einen weil sie auf der Insel Zypern und somit innerhalb des Staatsgebietes ausgetragen worden wären und zum anderen weil es durch die Uneinigkeit nicht einmal zu einer Formation einer Armee kam.

Der griechische Teil der Insel und auch Griechenland haben den Vorteil, dass in ihrem Terrain die Erdölvorkommen sind und dass die zypriotischen Griechen den größeren Teil der Insel in Anspruch nehmen.(nämlich 78% des Landes) Dann ist noch zu benennen, dass der Süden Zyperns in der EU ist, wodurch ein internationales und „global governmentales" Machtmittel genutzt werden kann. (Dies kann man auch in Hinblick auf die nicht erfolgt Anerkennung des Landes „Nordzypern" betrachten.)

Als ein weiteres Machtmittel, über das beide Teile des Landes früher verfügt haben, war das Veto-Recht. Dieses wurde oftmals ausgenutzt, um sich auch gegenseitig zu blockieren oder Vorhaben zu verhindern.

2.4.2. Mit welchen Auswirkungen des Waffeneinsatzes ist zu rechnen? Gibt es einen?

Der Waffenstillstand wurde durch die UN- Truppen gebracht.[26] Dadurch, dass immer noch Truppen stationiert sind, darf man davon ausgehen, dass die Lage stabilisiert zu sein scheint und bald nicht mehr mit Ausschreitungen zu rechnen ist.

---

[23] http://de.wikipedia.org/wiki/Zypernkonflikt, am 01.12.08, 23:39
[24] 01.12.2008, 23:51 http://de.wikipedia.org/wiki/T%C3%BCrkische_Republik_Nordzypern
[25] Richerd Clogg, Geschichte Griechenlands, Romiosini- Verlag, ISBN: 3-923889-13-7
[26] ADAC Länderlexikon, Die Welt 2004, ISBN: 3-89905-168-8

Die beiden Länder befinden sich immer noch in einer Phase der gegenseitigen Ablehnung, aber es ist auch zu nennen, dass die erste Annährungsversuche gut abgelaufen sind, obwohl die früheren Schlichtungsversuche zu keinem Ergebnis führten.

3. Konfliktursachen

3.1. Wie kam es zum Zypernkonflikt?

Wie bereits erwähnt, standen Griechenland und Türkei beiden Länder schon oftmals am Wendepunkt, es hatte immer nicht viel gefehlt und es wäre in den 1970ern und 1980ern zum Krieg der beiden gekommen.[27] Griechenland und die Türkei stehen sich heute und schon immer in ihrer Geschichte als Antagonisten gegenüber. Beide Länder sind auf die Bedrohung der nationalen Souveränität durch das Gegenüber sensibilisiert. [28]

Alles begann schon vor sehr langer Zeit. Die Stadt Konstantinopel, die ehemals griechisch war, fiel im Mai 1453 an die osmanischen Türken. Dies war ein Ereignis, das die Menschen schokiert hatte, weil dadurch die letzte große christliche Bastion gefallen war und so dem Islam kein Einhalt mehr geboten werden konnte. Doch viele Christen waren unter der osmanischen Herrschaft umgebracht worden.[29] Dies schien die Osmanen noch mehr beflügeln zu können und so fielen sie regelrecht über das Land her und besetzten sehr viele Gebiete. Ein Grund dafür liegt darin, dass die osmanischen Türken es als ihre Aufgabe betrachteten, viele Völker und Religionen unter ihrer Weisung zu haben. [30]

Später, nämlich 1821, begann der Unabhängigkeitskrieg unter welchem Grund auch der Patriarch Grigorius V und andere Führungspersönlichkeiten der christlich politischen und religiösen Welt hingerichtet wurden. Das hatte zur Folge, dass es viele Sympathisanten mit den Griechen gab, die vor allem aus der christlich geprägten Welt stammten.[31]

Für die Griechen war es schwer geworden, Mitstreiter zu finden, da sich viele an die missliche Lage gewöhnt hatten oder ihr Leben als fatalistisch determiniert ansahen. [32] U 1830 resultierte aus dem Krieg erstmals wieder ein unabhängiger Griechischer Staat. Diese nationale Bewegung schien wegweisend auch für andere Gebiete geworden zu sein, die der zentralisierten Osmanischen Herrschaft unterstanden. [33]

---

[27] Richard Clogg, Geschichte Griechenlands, Seite 20, Romiosini- Verlag, ISBN: 3-923889-13-7
[28] Richard Clogg, Geschichte Griechenlands, Seite 20, Romiosini- Verlag, ISBN: 3-923889-13-7
[29] Richard Clogg, Geschichte Griechenlands, Seite 23, Romiosini- Verlag, ISBN: 3-923889-13-7
[30] Richard Clogg, Geschichte Griechenlands, Seite 26, Romiosini- Verlag, ISBN: 3-923889-13-7
[31] Richard Clogg, Geschichte Griechenlands, Seite 27, Romiosini- Verlag, ISBN: 3-923889-13-7
[32] Richard Clogg, Geschichte Griechenlands, Seite 36, Romiosini- Verlag, ISBN: 3-923889-13-7
[33] Richard Clogg, Geschichte Griechenlands, Seite 37, Romiosini- Verlag, ISBN: 3-923889-13-7

Unter der Herrschaft der Türken über die griechischen Gebiete und Menschen war das Wissen über die Antike zunehmend verdrängt worden, damit man sich an den westlichen Werten nicht mehr orientieren konnte. [34] Dies schürte den Zorn auf die „gegnerische" Bevölkerung. Dieser sich entwickelnde Nationalismus von beiden Seiten hat zur Folge, dass es zu dieser Spaltung Griechenlands kam. (Auffällig ist vor allem, dass die jeweils gegnerische Seite des Nationalismus der anderen besonders stark hervorhebt.)

Um 1830 existierte kein einheitlicher Gedanke eines Griechenlands, was zur Folge hatte, dass die Kirche versuchte, die Menschen unter dem gemeinsamen Gottesglauben zu einen. Dieser Glaube wurde auch durch die Kaufleute in das osmanische Reich getragen, das sich als gefährlich erwies, denn die Türken sahen anti-osmanische Ansichten nicht gerne in ihren Gebieten. Die Griechen entwickelten zudem eine „megali idea"[35], die bis zum Ende des Zweiten Weltkrieges sogar einig Gebietsausdehnungen brachte. [36]

Diese Auseinandersetzungen der türkischsprachigen und griechischen Bevölkerung Zyperns führten letztendlich den Konflikt und die Trennung des Landes herbei.[37]

1878 kam es dann zu einer Herrschaft Großbritanniens über die Insel. Die Zyprioten forderten damals schon die Enosis[38][39]. Doch dieses Bestreben wird verhindert, indem man die Unterschiede der Zyperntürken und den zypriotischen Griechen hervorhob.[40] Dies schürte die Angst vor der jeweils anderen ethnischen Gruppe. „Diese Feindseligkeiten führten dazu, dass die britische Herrschaft sich legitimiert fühlte, als Ordnungsmacht weiter auf der Insel zu bleiben, an der sie eigene geostrategische Interessen hatte. Die türkischen Zyprer waren der *Enosis*-Bewegung aufgrund der wachsenden Feindseligkeiten skeptisch gegenüber eingestellt. Sie befürchteten, nach einem Anschluss der Insel an Griechenland unterdrückt oder verfolgt zu werden." Die Zyperntürken helfen den Briten und Aufstand wird niedergeschlagen.[41]

Dieses Bewusstsein der Verschiedenheit wird noch weiter in den Vordergrund gerückt; durch die Tatsache, dass 1923 die Türkei gegründet wurde. Zu einem ersten großen Konflikt kam es 1931: einem Aufstand der Zyperngriechen gegen die britischen Kolonialherren. Hier wurden dann schwere Strafen für die Zyperngriechen verhängt und die Propaganda für die Enosis verboten. Der ehemals nationale Streit der Inselbewohner begibt sich in den 50er Jahren auf internationales Terrain, weil die Griechen mit den griechisch sprechenden Zyprioten zu

[34] Richard Clogg, Geschichte Griechenlands, Seite 46, Romiosini- Verlag, ISBN: 3-923889-13-7
[35] Megali idea: Idee, einer Expansionspolitik Griechenlands mit vielen Anhängern um 1840; „über all da, wo ein Grieche wohnt, soll Griechenland sein"
[36] Zypern, die ungelöste Krise Seite 3 bis 14, Centaurus Verlag, ISBN: 3-8255-0013-6
[37] http://de.wikipedia.org/wiki/Zypernkonflikt, 01.12.08, 23:39
[38] etwa 80 Prozent der Zyprer gehören der Verbindung an
[39] (Ένωσις), die Forderung nach der Vereinigung der Insel Zypern mit Griechenland, auf Grund der großen kulturellen, sprachlichen und religiösen Gemeinsamkeiten und nicht zuletzt der Hoffnung auf wirtschaftliche Entwicklung
[40] Dies geschah zum Beispiel durch: separate Schulen, Verwaltungen und sonstige Institutionen, die voneinander getrennt wurden
[41] http://de.wikipedia.org/wiki/Zypernkonflikt, am 01.12.08, 23:39

sympathisieren und fast zugleich die Türken ausrufen, Zypern sei nur eine Verlängerung der Türkei. 1950 stimmen die Zyperngriechen mit 96% dafür, sich Griechenland anzuschließen, die Zyperntürken erkennen das Problem und informieren die Türkei darüber, die sich auf die Seite der türkisch sprechenden Zyprioten stellt. Der weitere Konfliktverlauf wird nun gewalttätig fortgesetzt, dadurch, dass Erzbischof Makarios III. und sein Vertrauter General Grivas beschließen, die Enoisis zu Ende zu bringen.[42] Auf das gewalttätige Verhalten hatten auch andere politische Großereignisse, wie der Ersten Weltkrieg, die Balkankriege, der Zerfall des Osmanischen Reiches, die Gründung der Türkei etc. ein Einwirken, bis es sich bis zur entstehenden offenen Aggression auswuchs. Das militärische Ausmaß war schon am 1. April 1955 erkennbar, als die EOKA[43] Bombenanschläge auf die Hautstadt Nikosia verübte, um die Enosis durchzusetzen. Durch Zyperntürken wurde von den Briten die Situation auf der Insel wieder unter Kontrolle gebracht. [44]

Auch die türkische Seite rüstete zum terroristischen Widerstand und wollte so den „Taksim"[45] durchsetzen. Am 07.Juni 1958 begann deshalb ein blutiger Bürgerkrieg. Es drohte sogar, dass ein Krieg zwischen Griechenland und der Türkei beginnen könnte, wegen des Konflikts über die Lage in Zypern.[46] „In der Folge wurden Häuser und Wohnungen geplündert, Menschen mussten ihre Heimat verlassen, und in den Städten entstanden zyperngriechische und zyperntürkische Viertel."[47]

Die USA versuchte zu schlichten[48].

Im Jahre 1960 kam es dann zu einer Unabhängigkeit Zyperns: Am 16. August 1960 waren schließlich die vorgesehenen Vorbereitungen abgeschlossen und Zypern wurde unabhängig. Das Vereinigte Königreich behielt noch 99 Quadratmeilen souveränes Gebiet in Zypern, auf dem bis heute Briten mit Zyprioten leben. Diese Verfassung war allerdings weit von dem entfernt, was sich sowohl die griechischen, als auch die türkischen Zyprioten gewünscht hatten und man entfernte sich noch einmal weiter von der Befriedung. Die Menschen sahen immer das andere Volk im Vorteil, weil die einen überrepräsentiert wurden, weil niemals ein türkischer Zypriot Präsident werden konnte. Auch die gegenseitige Vetomacht, die zu fairen

---

[42] http://de.wikipedia.org/wiki/Zypernkonflikt, 01.12.08, 23:39
[43] "Nationale Organisation zypriotischer Kämpfer"
[44] http://zypern-konflikt.de/html/zypern1.html 1.12.08, 23:43
[45] die Teilung Zyperns
[46] http://zypern-konflikt.de/html/zypern1.html 1.12.08, 23:43
[47] http://de.wikipedia.org/wiki/Zypernkonflikt, 01.12.08, 23:39
[48] Daraufhin wurden die Zürcher und Londoner Abkommen geschlossen, die festlegten, dass Zypern ein unabhängiger Staat werden sollte. Im Garantievertrag wurde vereinbart, dass alle vier Vertragspartner (Zypern, Griechenland, Türkei, Vereinigtes Königreich) dafür Sorge tragen müssen, dass es hinsichtlich Zyperns von keiner Seite aus zu Angliederungs- oder Teilungsbestrebungen kommen darf und derartige Aktivitäten in einem dieser Länder von den jeweiligen Regierungen zu unterbinden sind. Bei Verletzung des Abkommens konnten die Garantiemächte Griechenland, Türkei und das Vereinigte Königreich notfalls auch im Alleingang Maßnahmen mit dem alleinigen Ziel ergreifen, die Bestimmungen der Zürcher und Londoner Abkommen auf der Insel wiederherzustellen.

Gesetzen führen sollte wurde missbraucht, und man blockierte sich so ständig gegenseitig. [49]

Durch die fehlende Einigkeit konnte auch keine zypriotische Armee gegründet werden. So blieb die Möglichkeit für paramilitärische Gruppen, die Gegenseite zu terrorisieren.[50] Diese bestanden auf der einen Seite aus den früheren EOKA-Mitgliedern und auf der anderen Seite fanden sich als Gegengewicht die TMT.[51][52]

Der Vorschlag einer Verfassungsänderung durch den griechischen Präsidenten 1963 schaffte eine politisch angespannte Lage, die rasch in einen zweiten grausamen Bürgerkrieg[53] mündete. Die Maßnahmen in der Verfassung hätten dazu geführt, die zyperntürkische Minderheit zu schwächen. Zur Schlichtung und Befriedung entsandte der UN-Sicherheitsrat eine Friedenstruppe und es entstanden Enklaven.[54][55] Die Inselteile wurde nun durch die „green line" voneinander getrennt.[56]

1967 fand ein Militärputsch in Griechenland statt und nun setzte man sich für die Unabhängigkeit Zyperns ein. Ein Abkommen wurde getroffen, das den Konflikt eindämmen konnte.[57] Aber das hielt nicht für allzu lange Zeit, denn 1974 wird der Präsident Erzbischof Makarios von der griechischen Militärjunta festgenommen und es kommt durch eine türkische Besatzung zur Teilung der Insel. Hier schaltete sich wieder die UN ein und machte sich dafür stark, die Intervention auf der Insel aufzuheben und die Unabhängigkeit Zyperns, sowohl politisch als auch territorial, zu wahren. Diesem Aufruf kommt man aber nicht nach und im Sinne der Schadensbegrenzung wird 1975 ein Abkommen über den Bevölkerungsaustausch, also die Abwanderungen der meisten Zyprioten geregelt. Es folgten schließlich 1977 die Festlegungen von Grundlagen für die Gründung einer unabhängigen, aber bikommunalen Republik Zypern.[58] 1983 kommt es dazu, dass das Land „Türkische Republik Nordzypern"[59] einseitig ausgerufen wird.[60] 2002 wird dann erklärt, dass Zypern schon 2004 zur EU beitreten darf. In dem Zwischenzeitraum kam es zur Öffnung der „green line" im Jahre 2003. [61]

---

[49] http://de.wikipedia.org/wiki/Zypernkonflikt, am 01.12.08, 23:39
[50] 23:44 http://zypern-konflikt.de/html/zypern2.html, am 01.12.08
[51] Die „Türk Mukavemet Teskilati" ist eine paramilitärische Gruppe, die von den Türken im Kampf gegen die griechischen Ansichten unterstützt wurde
[52] http://de.wikipedia.org/wiki/Zypernkonflikt, 01.12.08, 23:39
[53] In dessen Verlauf mehr als 1200 Menschen (hauptsächlich zypriotische Türken) starben
[54] So sollte eine vollständige Trennung nach ethnischen Hintergründen geschaffen werden
[55] 23:45 http://zypern-konflikt.de/html/zypern3.html, am 01.12.08
[56] http://www.tagesschau.de/ausland/meldung50420.html 23:57 am 01.12.2008
[57] am 01.12.2008 23:45 http://zypern-konflikt.de/html/zypern3.html
[58] 23:48 http://zypern-konflikt.de/html/zypern4.html
[59] Die Republik wird auch umgangssprachlich einfach als „Nordzypern" bezeichnet. In der Literatur erfährt man aber auch einen andere Abkürzung für das Land: „KKTC". Diese Buchstaben stehen für den türkischen Namen: „Kuzey Kıbrıs Türk Cumhuriyeti". Das Land ist bisher nicht von anderen Ländern der Erde, mit Ausnahme der Türkei, anerkannt worden. Die Hauptstadt des Landes ist Nikosia.
[60] Dies geschah 1983 als Reaktion auf eine verabschiedete Resolution der UNO, die der griechisch- zypriotische Präsident Kyprianu initiiert hatte. In dem Dokument wurde gefordert, dass der Status Quo nicht anerkannt werden sollte und es wurde gefordert, alle Besatzungstruppen abzuziehen. Die Zyperntürken und die Türkei fühlten sich vor den Kopf gestoßen und gründeten so die „Türkische Republik Nordzypern"
[61] 23:48 am 01.12.2008 http://zypern-konflikt.de/html/zypern4.html

4. Konfliktverlauf:

4.1. Welche Stationen und Entwicklungen sind festzustellen?

Der sehr lange Konflikt begann mit einfachen lokalen Spannungen und wurde dann zu einer internationalen Krise. Die Länder wurden immer weiter auseinander getrieben. Die wichtigsten Ereignisse werden schon in der Geschichte des Krieges erwähnt. Am wichtigsten waren vor allem folgende Daten: 1955 die Gründung der EOKA, 16. August 1990, Zypern wurde unabhängig, ungefähr 1962 die Gründung der TMT, im November 1963 das 13-Punkte-Memorandum zur Verfassungsänderung, in dem unter anderem die Abschaffung des Vetorechts vorgeschlagen wurde, mit dem darauf folgenden Massaker. Ebenfalls 1963 wurden UN- Friedenstruppen nach Zypern entsandt(UNFICYP[62]). „Am 15. Juli 1974 führten griechisch-zyprische Nationalisten, unterstützt von der griechischen Nationalgarde, einen Militärputsch gegen den Präsidenten Makarios durch, um den Anschluss an Griechenland durchzusetzen. Diese Extremisten hatten von Anfang an das Zürcher und Londoner Abkommen wegen der Gleichberechtigung der türkischen Zyprer nicht akzeptiert.“[63] Im Jahre 1983 wird das Land „Türkische Republik Nordzypern“ ausgerufen und 2004 folgte der EU-Betritt. Alle Schlichtungsversuche scheiterten.[64]

4.2. Allgemeines

Im Hinblick auf die Strategien der beiden Konfliktparteien ist zu sagen, dass beide sich auf den Nationalismus stützen und dass beide gerne ein großes Stück der Insel Zypern besäßen. Zudem ist auffällig, dass beide Konfliktpartner, die übrigens auch beide der NATO beiwohnen, keine richtige Eskalation zulassen, die zum Krieg führen würde.

Im Bezug auf die Rechtssprechung ist zu sagen, dass die Invasion der Türkei nicht legitim war, weil die UN das Vorgehen geprüft hat und mit mehreren Resolutionen den Einmarsch für illegal befunden hatte.[65]

Beide Gruppen schafften es, strategische Sympathisanten, wie die Türkei und Griechenland zu finden.

Im Bezug auf die Frage, ob Verluste dieses Krieges vermeidbar gewesen wären, ist zu sagen, dass es sich um einen durch das Denken getriebenen Bürgerkrieg handelte. Zudem war die

---

[62] United Nations Peace-keeping Force in Cyprus
[63] http://de.wikipedia.org/wiki/Zypernkonflikt, 01.12.08, 23:39
[64] http://de.wikipedia.org/wiki/Zypernkonflikt, 01.12.08, 23:39
[65] Am 1.12.2008, 23:51 http://de.wikipedia.org/wiki/T%C3%BCrkische_Republik_Nordzypern

Stimmung aufgeheizt und es wurden viele Unschuldige und Zivilisten getötet. Dies ist auch gleichzeitig eine Antwort auf die Frage nach der Gewaltbereitschaft der Konfliktparteien.

4.3. In welcher Rolle befindet sich die Öffentlichkeit und wie erleben die Menschen in den Ländern den Konflikt?

In den Medien werden die Themen meist populär und polemisch gestaltet, so dass eine neutrale Betrachtung nicht hervorgerufen werden kann. [66]

Wie schon im geschichtlichen Teil berichtet, ist zu vermerken, dass viele (zum großen Teil auch unschuldige) Menschen ihr Leben lassen mussten, weil sie in diesem verfeindeten Umfeld lebten. Viele Menschen haben dadurch Familienangehörige verloren, was noch einmal verstärkt, dass eine wirkliche innere Aussöhnung nicht mit ihrem Gewissen vereinbar ist.

4.5. Konsequenzen der Teilung:

Durch die Teilung von Zypern gewannen andere Regionen an Bedeutung und es wurde ein Umbruch hervorgerufen. So verlief es zum Beispiel mit der Stadt Larnake, die seit 1974 an großem wirtschaftlichem Zuwachs gewann. Der Grund hierfür war der Bau des neuen Flughafens.[67]

Wie auch schon durch den davor bestehenden Bürgerkrieg kam es zu diversen Plünderungen und Umzügen, so dass griechische und türkische Viertel auf der Insel entstanden. Außerdem ist erwähnenswert, dass es vielleicht eine akute Problemlösung war, aber es auf lange Sicht den Hass zwischen den Ethnien weiter vorantrieb.

4.6. Welche Lösungsvorschläge gibt es?

Es gibt viele Organisationen und Personen, die sich um den Frieden in Zypern sichtlich bemüht haben. Es gab mehrere verschiedene Lösungsvorschläge des Konflikts. Für die beiden Länder wäre das auch eher von Vorteil, die Freundschaft zu schließen, denn so könnte sich ein Handelsvorteil für die Türkei ergeben. Griechenland ist geographisch gesehen ein Balkanland am Mittelmeer. In einigen Dingen geprägt, wie die anderen Balkanstaaten, so hat Griechenland den Vorteil, die Seewege für den Handel noch nutzen zu können. Diese Option

---

[66] Zypern, die ungelöste Krise Seite 1 bis 3, Centaurus Verlag, ISBN: 3-8255-0013-6
[67] Baedecker, Seite 17, ISBN: 3-87504-419-3, Allianz Reiseführer

wurde schon im achtzehnten Jahrhundert entdeckt. Für die Türken ist es sinnvoll, nach Griechenland vorzudringen und dann dort die Häfen nutzen zu können.[68]

Auch früher hatte der UN- Sicherheitsrat schon öfter eingegriffen, um Frieden zu stiften. (Zum Beispiel 1963 im Dezember, wo der UN-Sicherheitsrat eine Friedenstruppe nach Zypern entsandte, die nach dem Waffenstillstand die Volksgruppen voneinander trennen konnte.[69])

Die Türken, zum Beispiel auch der Außenminister Abdullah Gül, sind fest davon überzeugt, alle Kriterien der Eu- Kommission schnellstmöglich erfüllen zu können, um der EU möglichst bald beitreten zu können. Knackpunkt sind auch allerdings hier wieder die Probleme mit Zypern. Auch der Ministerpräsident der Türkei, Recep Tayyip Erdogan steht den Forderungen kritisch gegenüber und vertritt die Auffassung, dass auch die geforderte Öffnung türkischer Häfen und Flughäfen für Frachten und Schiffe und Flugzeuge zugänglich nicht möglich sei.[70]

Die Griechen sehen als eine ihrer Möglichkeiten an, das Land zu stabilisieren, indem sie den Menschen den Zugang zu möglichst viel Bildung gewähren und Aufklärung betreiben. Des Weiteren wird versucht, den Fortschritt weit voran zutreiben, um eine Annehrung an die EU-Standards zu erringen und so die Aufnahme in die EU möglich zu machen. [71]

Es gab schon viele Versuche, die beiden Inselhälften wieder zu vereinen und dadurch eine friedliche Lage zu schaffen, doch scheiterte dies an der unterschiedlichen Entwicklung, die beide Hälften durchlaufen hatten. Die wirtschaftlich schlechter gestellte nördliche Hälfte der Insel stimmte mit einer deutlichen Mehrheit für den Zusammenschluss, wohingegen 76 Prozent der Südzyprioten den Plan Kofi Annans ablehnten, weil sie darin eine Benachteiligung sahen. Somit scheiterte auch der bislang letzte Versuch, die Insel zu einen. Anlass dazu war der EU- Beritritt Zyperns. „Beim EU-Beitritt führte das zu einer kuriosen Situation: Theoretisch ist die gesamte Insel Mitglied der EU, faktisch gilt das aber nur für den Südteil."[72] Eine andere Idee war es, den Türken Minderheitenrechte auf der Insel Zypern zuzusprechen, was aber daran scheiterte, dass die Türken auf Grund ihrer Anzahl nicht in der Minderheit waren.[73]

Ein weiterer Plan stammt von ist das von der UN ausgearbeitete set of ideas. Hierin wurde unter anderem gefordert, dass die Griechen und die Türken militärisch in gleicher Anzahl auf der Insel vorzufinden seien sollten, aber das Rückkehrrecht wurde den Vertriebenen

---

[68] Richard Clogg, Geschichte Griechenlands, Seite 21, Romiosini- Verlag, ISBN: 3-923889-13-7
[69] Am 1.12.2008, 23:45 http://zypern-konflikt.de/html/zypern3.html
[70] „Türkei will Kurs halten" Fr vom 09.11.2006
[71] Zypern. Sabine Rogge, Waxmann Verlag, ISBN: 3-89325-878-7
[72] http://www.tagesschau.de/ausland/meldung50420.html 23:57 am 01.12.2008
[73] Zypern. Sabine Rogge, Waxmann Verlag, ISBN: 3-89325-878-7

abgesprochen. Aber von der UN kamen noch weitere Vorschlage, wie auch Versuche zur Abrüstung oder die Durchführung von vertrauensbildenden Maßnahmen.

5. Konfliktprognose (Stand 2008):

Wie wird die Weiterentwicklung ein? Ist ein Ende absehbar?

„Wenngleich eine politische Lösung mittelfristig nicht in Sicht ist, so ist nach Jahren der vollkommenen Teilung eine Phase guter wirtschaftlicher und sozialer Kontakte entstanden."[74], wird in einem Buch gesagt. Fakt ist aber, dass dieser Satz die Kehrseite nicht mit betrachtet hat.

Meiner Meinung nach gibt es auch aktuell noch viele verbreitete Vorurteile und große Spannungen zwischen den Bevölkerungen, die sich nur deshalb nicht entladen, weil UN-Soldaten vor Ort sind und die Lage stabilisieren. Dieser Hass auf die Gegenseite besteht nun einfach schon zu lange, als dass man ihn beiseite legen kann. In der Geschichte Zyperns kam es ja schon zweimalig zu einem Bürgerkrieg und ich befürchte, dass das auch bevorsteht, wenn man nun gleich die Insel verlassen würde. Die Stabilität der Insel ist noch nicht ganz gesichert. Obwohl es völkerrechtlich gesehen nur ein Zypern an sich gibt, ist es nicht zu verleugnen, dass die Teilung zu unterschiedlichen Entwicklungsstadien der Insel geführt hat. Beispiele dafür ist die Wirtschaft: Im Norden Zyperns ist die Lage schwierig, weil ausländische Investitionen nur selten vorgenommen werden und deshalb eine schwache Wirtschaft hervorrufen.[75]

In Zukunft wird die Ressourcenknappheit in allen Ländern er Erde noch weiter in den Vordergrund treten, weshalb ich glaube, dass sich der Konflikt zwischen Nord- und Südzypern noch verstärken wird. Ein Grund dafür ist, dass Südzypern an Nordzypern Strom liefert, welcher aber nicht bezahlt wird. Zudem gibt es vor der Küste Südzypern ein Vorkommen an Gas und Öl.[76]

Die florierende Wirtschaft im Süden (Das Pro- Kopfeinkommen ist im südlichen Teil Zyperns dreimal so hoch, wie im nördlichen Teil der Insel[77]) könnte auch zu weiterem Konfliktpotential führen.

Die Zukunft der Beitrittsgespräche zwischen der Türkei und der EU hängt unter anderem von einer erfolgreichen Lösung des zypriotischen Konflikts ab, weshalb ich dennoch glaube, dass beide Parteien sich zumindest oberflächig einig zeigen werden.[78]

---

[74] http://de.wikipedia.org/wiki/Zypernkonflikt, 01.12.08, 23:39
[75] ADAC Länderlexikon, Die Welt 2004, ISBN: 3-89905-168-8
[76] ADAC Länderlexikon, Die Welt 2004, ISBN: 3-89905-168-8
[77] ADAC Länderlexikon, Die Welt 2004, ISBN: 3-89905-168-8
[78] http://www.tagesschau.de/ausland/meldung50420.html 23:57 am 01.12.2008

6. Nachwort

Mein persönlicher Bezug zu dem Thema liegt darin begründet, dass mir ein Buch über Zypern in die Hände fiel, weil ich plante, nach Zypern zu reisen. Mir wurde bewusst, dass ich natürlich wusste, dass sich auf der Insel ein geteiltes Land befindet, aber mir war der politische, soziale und geschichtliche Hintergrund nicht klar. Zudem fand ich es komisch, dass über den Konflikt, der so nah an Deutschland herrscht, so wenig berichtet wurde. Aus meiner Sicht ist es für beide Länder legitim, die Insel zu beanspruchen.

Meiner Meinung nach wird es so sein, dass auch die Türkei nach einer gewissen Zeit in die EU eintreten wird, weil ich denke, dass sie in den Großstädten einen sehr westlichen Umbruch erlebt und für die Europäische Union das Tor zum Osten sein wird. Obwohl, ich es nicht legitim finde, wenn die Türkei der Europäischen Union beitreten darf, obwohl die Frage nach der Zukunft Zyperns noch nicht geklärt ist. Ich denke auch, dass man das Beispiel der türkischen Truppen nicht einfach so stehen lassen darf. Durch eine Invasion ein Land einzunehmen und dann nicht einmal wieder auszumarschieren, nachdem ein Gremium den Vorgang für illegal befunden hat, finde ich bestrafungswürdig, so dass es zu keinen Trittbrettfahrern kommen kann, die das gleiche wiederholen. Und auch die Regierungen sollten sich bei einander entschuldigen; auch für die vielen Opfer, die dieser lange Konflikt gekostet hatte.

7. Quellenverzeichnis:

Hier sind alle verwendeten Quellen festgehalten, auf die sich dieses Dokument beruft:

1) Türkisch Zypern, Michael Ackermann, herausgegeben von Carsten Eichenberger u. a.

2) Zypern- die gefolterte Insel, Arnold Sherman, Ahriman- Verlag, ISBN: 3-89484-811-1

3) Balkan Chronik, Michael W. Weithmann, Verlag Friedrich Pustet Regensburg, Verlag Stryria Graz Wien Köln, ISBN: 3-7917-1447-3

4) Die Angst der Deutschen vor der Türkei, Baha Güngör, Diederichs- Verlag, ISBN: 3-7205-2536-8

5) Richard Clogg, Geschichte Griechenlands, Seite 15 f, Romiosini- Verlag, ISBN: 3-923889-13-7

6) ADAC Länderlexikon, Die Welt 2004, ISBN: 3-89905-168-8

7) http://www.tagesschau.de/ausland/meldung50420.html 23:57 am 01.12.2008

8) Baedecker, Seite 13, ISBN: 3-87504-419-3, Allianz Reiseführer

9) Zypern, Sabine Rogge, Seite 285, Waxmann Verlag, ISBN: 3-89325-878-7

10) http://de.wikipedia.org/wiki/Zypernkonflikt, am 01.12.08, 23:39

11) http://zypern-konflikt.de/html/zypern1.html 1.12.08, 23:43

12) http://zypern-konflikt.de/html/zypern2.html, am 01.12.08, 23:44

13) http://zypern-konflikt.de/html/zypern3.html, am 01.12.08,23:45

14) Am 1.12.2008, 23:51
   http://de.wikipedia.org/wiki/T%C3%BCrkische_Republik_Nordzypern

15) 23:48 am 01.12.2008 http://zypern-konflikt.de/html/zypern4.html

16) Zypern die ungelöste Krise, Seite 1, Centaurus Verlag, ISBN: 3-8255-0013-6

17) Zypern, Iwanowski's, ISBN: 3-923975-14-7

18) „Türkei will Kurs halten" Fr vom 09.11.2006

8. Anhang:

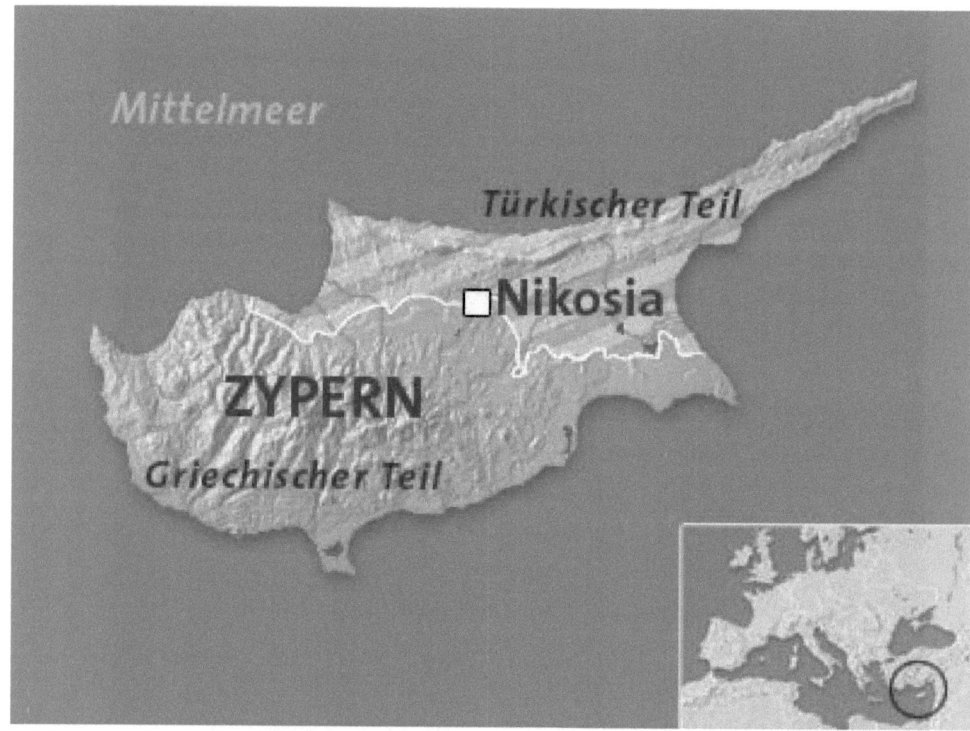

Abbildung 1 die türkische Republik Nordzypern umfasst rund ein Drittel der Landesfläche und verläuft durch die Hauptstadt des Landes[79]

	Ja	Nein	Wahlbeteiligung
Türkische Republik Nordzypern (türkisch)	64.90 %	35.09 %	87 %
Republik Zypern (griechisch)	24.17 %	75.83 %	88 %

Abbildung 2 Die Details der beiden Referenden von Nord und Südzypern im Bezug auf einen Zusammenschluss der Länder[80]

---

[79] http://www.tagesschau.de/ausland/meldung50420.html 23:57 am 01.12.2008
[80] http://de.wikipedia.org/wiki/Zypernkonflikt, 01.12.08, 23:39